LOS AMORES PROSAICOS

ÆREA | *carménère*

Andrea López Montero

Los amores prosaicos

ÆREA | *carménère*

Serie fundada por Eleonora Finkelstein y Daniel Calabrese
Edición al cuidado de Paco Najarro

LOS AMORES PROSAICOS
Primera edición: octubre de 2025

© Andrea López Montero, 2025

© Ærea, 2025

Un sello de RIL® editores
SEDE SANTIAGO DE CHILE: Los Leones 2258 • CP 7511055 Providencia
☎ (56) 22 22 38 100 • ril@rileditores.com • www.rileditores.com

SEDE VALPARAÍSO • valparaiso@rileditores.com

SEDE ESPAÑA • europa@rileditores.com

Composición y diseño: RIL® editores
Diseño de colección: Marcelo Uribe Lamour
Imagen de portada: Collage e intervención de Andrea López Montero
sobre fotografía del Museo de Historia disponible en Memoria de Ma-
drid: Mujeres trabajando en un tranvía durante la guerra. 1936-1939.
Autoría desconocida.

Impreso en España • *Printed in Spain*

ISBN: 978-84-10248-69-4
Depósito Legal: GI 1623-2025

Maite Martí Vallejo

Una espera que el amor sea contrario a lo prosaico. No queremos una historia ordinaria, ni vulgar ni común. No nos enamoramos por cuestiones prácticas. A la poesía le suponemos la capacidad de elevarnos, de conectarnos con lo trascendental. ¿Y si todo esto fuera un error? Si se trata de acceder a un territorio inexplorado, ¿no será más novedoso hacerlo a través de lo que sí podemos ver y tocar? Andrea López Montero escribe estos poemas harta de tonterías y por eso suspira (ay) y se queja (¡ay!). Este libro que sube y baja las persianas, que se bebe como leche agria, que desea ser previo pero es clausura de un idioma que ya no dice nada a fuerza de decir tanto. Para reconstruir hay que destruir primero. *Ready to be unmade*. Las contradicciones también son odiosas. Por eso "mi dulce amor prosaico". Una carta dirigida, de dirigible. Un zepelín. Demasiado peligroso para durar, demasiado sensible al viento y a la meteorología adversa. El desastre de Hindenburg en 1937. La autora acumula anomalías, síntomas, inventa una forma de permanencia para aquello que nunca fue monumental: lo frágil, lo raro y lo doloroso. Un intento de guardar lo que no tiene valor. No son confesiones ni cronologías, sino una tentativa constante de no olvidar del todo sin necesidad de recordar del todo.

Una escritura que no certifica sino que duda. La importancia que tienen las fuerzas en oposición: tensiones e intercambios entre el yo y el otro, el que ama y el que es amado, compartiendo un destino complejo y escurridizo. La poesía remite a la realidad y niega la realidad. Como la memoria. La conciencia de lo que podría haber sido y de lo que podría ser, la coexistencia de todos los tiempos verbales (pretéritos, futuros, condicionales, subjuntivos). Un deseo de salir de la estrechez del mero presente. ¿Quién decide qué merece ser recordado?, ¿por qué ciertos amores dejaron huella y otros no? La obra abre un lugar para lo que insiste en subsistir, incluso desde la desaparición, con la urgencia de recuperar, imaginar y cuidar otros amores posibles.

La acción de construir con lo residual se concibe como una forma de reparación y de invención. El libro no busca representar lo real, sino crear una ficción plausible que dialogue con las heridas materiales. Lo usual se mezcla con lo sublime y lo inmaterial se vuelve táctil. Cada poema se convierte en una excavación afectiva, herramienta de reparación, da forma a lo que no dejó huella e imagina lo que pudo haber brotado en un paisaje alterado. La fragilidad del amor es ruina anticipada, despliega presencias precarias, restos mínimos que emergen desde los márgenes, umbral hacia una reflexión sobre los vínculos entre materia, memoria y ficción.

Los poemas nacen de un proceso de deriva, escucha atenta y recogida en el entorno. Más que documentar lo que fue, este libro encarna lo que podría haber surgido: ficciones botánicas como huellas de una naturaleza alterada, reactiva, que florece entre ruinas. La tensión entre interior y exterior —entre lo que corroe desde dentro y lo que emerge hacia fuera— atraviesa la propuesta como gesto vital. Poemas vegetales como relicarios de un paisaje en mutación, cuerpos liminares que desestabilizan la frontera entre lo real y lo inventado, lo natural y lo industrial, lo efímero y lo persistente, lo prosaico y lo poético.

López Montero activa una retórica del desvío, la dislocación y la pérdida, cuya potencia radica no en la acumulación de certezas, sino en la evocación de lo que se deshace o se fragmenta. Cada lectura produce una fricción leve, un crujido, una modulación acústica del recuerdo, una relación kinestésica con lo vivido, en la que cuerpo y memoria se implican mutuamente. El poema ya no es base neutra, sino superficie sensible, sedimentada de residuos simbólicos. *Los amores prosaicos* están llenos de hidrógeno.

5 de septiembre de 2025

Digo pequeñito porque no me entiendes, ni me entenderás.
ALFONSINA STORNI

If a husband throws the dice of his beauty one last time, who is the blame?
Rich proposition, drastic economy, hours, beds, pronouns, no one.
ANNE CARSON

Las responsabilidades emergieron desde los sueños
entre faros torcidos sobre vientres marítimos
y naufragios de cansancio que traían pieles
o monedas estrepitosas en lengua extraña
EMMA VILLAZÓN

i just wanted to add because i know he's reading this
rigth now

hello ex boyfriend
you can stop reading now
ANA CARRETE

Pensando en todos aquellos
que damos portazos *sin querer*

La palabra caza, pequeño

te rezo la palabra caza
mi pequeño novio prosaico
la palabra caza sin intelecto
con toda su piel de tribu con toda su turba
toda y toda su tropelía
triunfante de trovadores
la ley seca que confirma
la escasez de tiempo en este

salto

te rezo la palabra caza
con toda su inmensidad
me dices que si digo qué
mi pequeño novio prosaico
te digo caza y agujeta y risa infantil
como de luz
y el juego que acompasa el paso de este peso
puedo decirte origen
pequeño y mal querido novio
pero cómo quererte bien
si rezo la palabra caza
y pestañeas
cómo explicar la luz
tan solo puedes verla
tan solo quedarte agudo
sosteniendo palabras de lumbre y pasto
de hambre y siembra

qué cómo alimentarte
no sé
no entiendes la palabra caza

LA PREPARACIÓN DEL NIDO

I.

Unos científicos consiguen que 2000 átomos estén en dos
   lugares al mismo tiempo,
consiguen visiblemente
—de una forma aterciopelada y(o) tangible
y(o) simultánea y(o) parcialmente— que la noticia
aparezca en 2016, 2019, 2021:
intención, constatación, recuerdo.
La presencia doble es claramente impar como la suave
paradoja de pensarte.

Soy frágil de confesión: admito que cuando tú estás en mí
   yo estoy
en   muchas   otras   partes,
con mucha   otra   gente
impar, gustosamente ausente, mi cielo,
visiblemente una en el murmullo:
mi amor es cuántico y ventricular y un algo tibio
y falto de limpieza.

Cuántos átomos traslado, cuántos ritos
                              alcanza
                                   mi cuerpo:
una superposición cuántica relativamente masiva.

Los científicos aseados y cultos me señalarán el equívoco,
pero insisto, si empíricamente estoy en muchos otros
   cuerpos mientras mi cuerpo está
en ti

¿no alcanzo una superposición cuántica relativamente
   masiva,
inherente
y
maxilar,
con mis mandíbulas sin madriguera,
con los incisivos testando en medio cuerpo?
¿No es por tanto claramente cuántica la memoria?
Soy, insisto, matéricamente grito y concepción del silencio
¿lo ves?

Mi laringe entra en el sonido y carraspea   biográfica,
al apretar fuertemente los ojos estoy
en sus pequeñitos fuegos artificiales,
en el fondo del ojo, en el dentro del dentro del ojo,
en la superficie pálida de muy dentro,
moléculas de luz y fuerza, estoy
en el párpado
constreñida, certifico
los siglos en mi raíz, el movimiento, el lugar
~~(el lugar de todos los lugares con todos los tiempos con~~
   ~~todos los)~~
que no empieza
aún.

II.

Estiman cuento tiempo más habrá
de oxígeno y en cuántas bocas.

MIS AMIGAS NO VAN A UN *BRUNCH*: COMEN MAÍZ DE LATA Y NO LLEGAN A FIN DE MES, PERO SON MUCHO MÁS GUAPAS QUE TÚ

me dice
eme punto uve punto a
qué haces tú con los jirones de poema/ quiero decir
con la tristeza que llega al alto techo
cómo achicas/ yo te achico/ dulcemente te achico y/ te
amaso
te moldeo algo mejor esa sonrisa
cuidado se te atisban los tensores
vámonos juntas a entreabrir la fábrica de los señores
    ruidosos
son esos del sudor a goterones que se hacen la limpieza de
    los dientes con cuchillo

/eso no me lo dice eme punto uve punto a/

ella es mucho más decente y no tiene tiempo para los
    señores
ni para sus ruiditos
solo tiene tiempo para sus miopías y para advertirles de
    pestañas enquistadas
oiga/ usted/ me lleva una pestaña enquistada
la mirada regañá y la mojama con
almendras/ no me sea usted tan triste
no se queje del sudor/
por eso digo que este idílico viaje a industrias manufacturas
    de copas y afectos no nace
no

no nace
de mi pequeña y delicada monstruita de bisturí
no

nace de i punto efe: mucho más dada al pezón de canela
a la boca de trufa que gotea licor
ah
ella sabe del dulce néctar que atrae
pero yo le digo que no sé si quiero
yo quiero un test
y unas gotitas de pócimas y dos o tres probetas de ocasión
y quizá
numerar hojas de árbol con ese punto be y /a carcajadas/
andarme los senderos del sonrojo

gemelos fuertes de campeadora
recia
que salta océanos
y yo quiero saltarlos o al menos aprender ir a nado sin
    flotador
con jota punto ce
no ir a la piscina de los niños

o quizá prefiera volverme a achicar
hablar mucho más rato con eme punto uve punto a de qué
    color tiene el pantano
de qué les pasa a las naranjas cuando enquistan y crecen
    poco a poco en podredumbre
si
acaso
esta es la ceniza previa al fuego o es quizá/ el verde tierra
    de un mundito inmenso
con cosas muy pequeñas
que se mueven y sendas chimeneas con sus güitos y gajos
    continentes

o quizá
todo es cuestión de la tumefacción

y
el mundo erosionado es la epidermis
de un malvado bicho de universo
/el borde exacto
del roce de la ropa con la piel
que guarda oxígeno y gases aerostáticos
la crema Nivea intergaláctica
de Galatea, de Zeus,
de

no sé/ eme punto uve punto a/
tú ya me entiendes
un monstruo a la deriva con diabetes y alergia
de murciélago

AMOR DE LÍNEA CLARA: POEMA EXTERIOR PARA PESTAÑEOS TRISTES

Te estoy tocando, pez,
mi hombre mar que sumerge,
mi único novio pez,

tan joven, estéticamente idóneo para tus aletas-pez,
en todo tu corazón-pez
que me enternece
y decido que aprenderé a nadar para follar contigo, mi
    novio atento pez,
mi novio tan pez, tan abisal, tan me sumerjo en tus olas,
cómo nadas con tu cabeza con aletas-pez,
y dime, novio mío, cómo eres tú que te coloreas:
pez pez pez,
te mojas la cabeza, tienes que llevar tú,
mi novio pez-tan-pez,
una jarrita pequeña, una regadera con alma de universo
para mojarte tus aletas-orejas-alma de pez,
cómo vives, mi amor, fuera del agua,
mi novio pez
tan diferente.

Te acaricio el aleteo.

Poema tardoadolescente

Admito esta imprudencia de dicha.
Dice Luisa una imprudencia de pájaro, la mía es una
    imprudencia de ratón:
                    pequeña, terrena, sucia
    que agujerea la superficie y
                    poco a
                            poco
    arista en exceso los bordes,
    y le afecta al cuerpo en su conciencia de límite
    —lo presenta primo-hermano de su vértigo—
    le recuerdo, irracional en su insistencia
    el razonable final de la virtud.

- Escribo mi anhelo en la cara A.

- Escombro mi anhelo de la cara B

y me pienso hasta atormentarme el latido
(así, tan tristemente adolescente en esta madurez que
    aúlla,
en este encallar sin costumbre hacia los otros)

es sencillo construir una distancia si sabes cómo
ahora
no es sencillo construir   una distancia:
vuelvo al afecto.

    Mi anhelo de la cara A contesta poco y mal
                    pero qué fuerza en la voz
                    y cuánta gravedad

aloja en sus caricias:
le acierto en cada ausencia.

Mi anhelo de la cara B confirma la correcta posición
para este abrazo,
mide sutil la boca sorprendida y besa
la comisura del bostezo.
Permanece. Pero qué suave mi cara B,
se dicta tan melódico.

Busco el incendio.

Me niego finalmente en esta música
que pauso ineficaz.

Admito esta insistencia a la angustia,
la mía es una insistencia radical,
grito al instante.

Poema para un amor ciego que no existe
(O cómo entendí que estaba enferma de mirada)

Para Antonio y Salomé en un viaje a ningún lugar.

Y oyes la canción los ojos verdes,
la escuchas y te miro sin saber qué suena en ti con la
    palabra   verde,
qué cuando te cuento que yo y que
mis ojos y que
mi abuelo y que
mis ojos y que
mis ojos y que
mi abuelo y que mis

te miro sin saber qué escoges al oírme,
mis ojos verde rama, verde menta poleo,
mis ojos de infusión,
mis ojos manzanilla previo al vómito,
mis ojos en la copla y el olor de verde abuelo verde con su
    musgo de ojos encerrados verde oliva.
El verde naftalina de los años,
mi ojo lana áspera y bolitas que besas en los párpados que
    no
puedes,   que no   has podido   ver, mis ojos
ojos verdes sin color.
Si haces de los ojos el orégano y
haces la aspereza
y

la mirada que clavo es un
cardo de olor verde,
mis ojos hechos de aliño, mis ojos de canónigo,
un poco ojos rumiantes con pipo y agua ácida. Y en horas
    dulces,
los ojos chocolatina y menta after, qué verde el verde
    negro de los ojos,
canela de tosido con azúcar,
los ojos como bocas con bigote,
las bocas que me besas sin saber
si amargo o si
salado o si
canela
o más lágrima dulce o humedal más ácido limón
y

en este parpadeo verde puro,
los besos y los besos y los besos.

TE QUIERO COMO NO SÉ

mi querido e insuficiente amor,
cómo explicarte que amo desde la glotonería y la anorexia,
cómo sorprenderte con los oídos abiertos
                                    hacia la caza
                                    de una
                                    discusión
                                    vertical,
mi querido y racional compañero,
    tan pulcro y comedido,
    con tu manipulación pequeña de zorro pequeño, con
    sus pequeñas patitas,
soy una tejedora, queridito,
soy una tejedora que se esmera en la trampa,
            cada puntada, cada nudo, cada aguja
se clava primero en mi piel, cielo mío,
primero en mi piel antes de alcanzar tu nombre,
            antes de alcanzar tu nombre, mi cielo, y lo alcanza,
soy una tejedora y emito un vómito de arañas de vid,
soy una tejedora y tengo una aldea naciéndome en los
muslos, con sus casas pequeñas
            y un pequeño potro en la parte trasera del pequeño
hogar, tengo cortinas,
            incluso lumbre y ramas secas para avivar el fuego
que va a apagarse.

mi queridísimo amor insuficiente,
cómo explicarte que tengo una trampa de colmillos en la
    cornisa de mi espalda,
justo antes de esa curva que te enloquece, es una trampa
    de ratón y tú eres mi pequeño gato, amor mío,

atento a las pequeñas criaturas que caen, hambrientas, en
    mi hueco,
cómo explicarte que el sabor de mi boca es agrio,
que el sabor de mi sexo es agrio,
que la comida que tan dulcemente consumes es agria,
y mi sudor, agrio, te caduca en la boca y agriamente
celebras este río.

mi pequeño amor pequeño,
has visto qué pequeño es todo cuando no alcanza,
cómo explicarte, amor, cómo,
    que no soy nada de lo que tú piensas,
    que no soy nada salvo cada cosa que soy, intermitente,
    mi pequeño amor,
    y que a penas alcanzas a entrever,
        si supieras quién soy no pegarías ojo,
            mi pequeño amor inocente.

ESTE ES EL POEMA QUE NUNCA QUISIERA HABER ESCRITO[*]

Sí: acudo al cobijo en los extraños,
les bautizo de nuevo con mi sed
y los tiño en disputas cotidianas:
escojo bien el grito,
un reproche cualquiera
que encaje exactamente con la culpa,
que pulse pulcramente el arquetipo
de histriónica mujer de uno cincuenta,
que aparte la caricia de mi mano
y haga vejaciones en la cama.

Así, tan satisfecha y vulnerable,
me vuelvo a mi rutina sin la fe
y coso con mutismo el vientre hueco.

---

[*] Este es el poema que nunca quisiera haber escrito, que admito no haber escrito, haber descrito, no sé, hecho, porque no es un poema éste, precisamente: es el no poema. Este no es el poema. El poema sabe cuándo el poema no es poema y este poema sabe que no es poema, es el poema que nunca logro admitir. El poema que no es poema que nunca logro admitir hace las delicias de mi psicólogo que admite que nunca pagará por leer el poema que nunca lograré admitir porque su interés dura cincuenta minutos y setenta euros y, aunque son cincuenta minutos y setenta euros de total concentración, admite que nunca tiene tiempo para admitir algo fuera de ese tiempo de total entrega atencional. Mi psicólogo nunca pagará por ningún poema y menos aún por ningún poema no poema, entiéndanme, mi psicólogo no me conoce, quiere que haga mindfulness, mi psicólogo y no entiendo cómo pago setenta euros de atención con cincuenta minutos (restando tres o más porque mi psicólogo usa mis cincuenta minutos para ir al baño, además, y para que le pague, también) de una manera tan sumisa y ordenada, no lo sé. En realidad, le pago cuarenta y cuatro minutos de atención, cómo puedo pensar siquiera en que compre un no poema-poema, mi psicólogo, o que entienda quizá que algo no hecho puede ser algo hecho y todo eso que todo el tiempo es y al mismo tiempo no. Cómo. ¿Cabe verdad en un asterisco o?

30

NOTA DE DESPRECIO A LA VIRIL TROPA LÍRICA

Los oigo aplaudir a la belleza,
la entienden inocente, pura,
con su corte infantil,
con su blanco vestido de organza y azahar:
la belleza, unicornio en fantasía,
engolada se entrega en ritmo al bardo
que engrandece su término y la vuelve
leyenda de pasión, espera y tedio.

Penélope tocada por las horas
que sigue, pese a eso, confiando
su fe y su bondad
y su
belleza,
no vaya a hacerse fuerte y a perder
sus aires infantiles, vulnerables,
no vaya a hacerse anciana, incluso adulta,
saliendo del poema y de las babas
de grupos que la aplauden la virtud
rimándole canciones
al compás de copas y tabaco.

El pelo no lo tocan, pues tan solo lo huelen,
creyendo que lo efímero es lo bello,
no viendo en estos callos que levantan
familias, huracanes, en fin, el mundo,
en estos ojos que a un tiempo hacen presbicia,
sin cuento, con mazmorra, sin la llave,
no viendo cómo logran
tallar la vida al ruego de intentarlo:

la suavidad se pierde en la batalla
con un reloj de arena que acaso hace tos
y hace
alguna arruga más al borde de la boca
y al borde del terreno no sé ni cuántas hace.

¿Quién ve lo virginal en la belleza?
¡Oh!
El necio que no mira alrededor,
que no pisa los charcos por mucho que le llamen
ni rompe la estructura,
no fuera a suceder, no sé
perder el pie en el peso,
perder-
se
algo,
dejar de autorizar-
nos,
no
definirnos,
rendirse pues, al fin,
en ley del diccionario
deshonesto y preciso
que acerca al pan la pena,
la belleza al bellaco
y en unas pocas hojas
a veces ve
mejor.

El despecho también es del yo e intuye y se maldice en un juego de espejos

¡Ay!

¡Y cómo le deseo el hipo acelerado que asalte sus virtudes de hiena descarada y la carcoma rápida en toda su estructura, corriéndole en la boca, tragando insecticida, picor de medianoche!

Quien masticando astillas tuviese en cada encía cien mil y cien cristales y ácidos decesos de esquirlas de memoria.

Y así, sangrante y destruida, con todas las vocales callándole en la boca de un asco censurado a imagen popular.

¡Ay! ¡Esa pobre amante de tardes que no acaban, viviendo un limbo eterno de insomnios censurados a la imaginación!

Y así le deseo que atraviese entre vómitos y espejos la pisada y huela un mundo dulce negado a sus aristas de monstruo verde y seco, de lengua a piel de lija y un eco desigual.

Que mastique el cabecero de la cama y ahogue los gemidos de las hienas y confirme de forma cruel y contrahecha juventudes perdidas y se asome a un abismo muy certero que niega y, poco hábil, confirma.

Así yo le deseo a esa boca que pide, a esa ansia infinita: la sed y el aislamiento y todas las paredes doblándose en el cuerpo de un mundo sin olor.

¡Ay! ¡Que llore! ¡Que llore tan solita! Que sus lágrimas alimenten el musgo y la ponzoña y se pudran las sábanas de tanta eternidad, de un tiempo disecado, de todas las perezas que niegan a los niños, que olvide cada excusa y obligue a la verdad, sin juegos y con fiebre de puzles sin

dos piezas, de agujas sin hilar, patrones mutilados que no
visten muñecas ni nos callan aullidos.

¡Ay! Le deseo, sobre todo, una memoria infinita,
que no pueda callar.

ANTES DE MARIPOSA FUE LARVA Y LO TREPANÓ TODO

Es verdad:
hay un aullido de garganta y
un aullido de vértebras
que le cambia el orden al edificio:

lo sabíamos tú y yo, por eso traías cerezas del mercado
para que alcanzase un fruto a tocar la mesa,
puestas entre tu café y mi cansancio
mediaban la tarde zurda de hacía tres veranos de sed y de
     ceviches.

Contabas las recetas y los saltos,
gemidos del vecino, la ambulancia
y, mientras me escondía buscando claridad,
regabas las macetas.

El grito no era sordo ni era mudo,
era un grito como un grito: exactamente así,
digamos un grito muy de grito,
de grito de extrarradio y de tristeza,
follábamos después.

Los hombros se caían, se caían,
la voz tintineaba tontamente,
una vez apagamos la luz
y nada fue ya entonces como entonces.

El cristal es un coro de altramuces
con brindis sin sus copas
y horarios fijos,

mi sexo la ceniza entre tus ojos,
quiero decir:
morimos hace tiempo y hoy fingimos.

Hay mariposas pardas como tierra,
hay gente que se mira y no se ve.

Descendimiento de la cocina

la luz del sol confirma el borde de encimera
        y los fogones
el polvo cae preciso en la despensa:
el tiempo se detiene en esta hora,
el tema es siempre siempre el mismo

con alas de ratón que vuelve de robar hábil el grano,
pizpireto y hablador
picante, cardamomo y nuez moscada,
equilibrista de pequeños mordisquitos, arañador de
    médulas,
espontáneo roedor de articulaciones y fiestas tontas
y sábanas que ensucian
con manos que recogen ojales del gemido

me pongo entre los labios un trocito minúsculo de queso
de olor fuerte con moho y huidas serias,
cocino las ancas de la rana y la piel la convoco,
invento un traje nuevo a las ensoñaciones,
infecto al triste tópico del príncipe y
                y suspiro
                  y suspiro
                    y suspiro
                      y no me callo
            allende entre los buques
            hago un *prau*
            coloco en el mantel la fruta dulce
      hablando cada vez de tonterías
      hablando cada vez de tonterías

hablando cada vez de tonterías
hablando cada vez y digo auxilio
hablando cada vez y no sabiendo
          decir en no decir, no decir nada

EL CALOR ES PARA EL FRÍO

Explícame cómo escogiste el salto con las manos de pan,
había un océano lleno de fechas desorganizada,
rendidas en la pesadumbre cantaban el consuelo del frágil:
tú supiste cercar la cacería.

Recogías cada parte de la leña y en la lumbre del cedro
    entonaste la nana de la leche.

Te hablo con la voz baja de las encías tímidas,
¿cómo callaste el daño?

Explícame ¡ay! cómo insististe en la diferencia del limón
    azul
que cae exactamente en la pregunta y
con azores y dalias escoge en el mercado la receta.

Cómo, dime,
pudiste convencerte la garganta,
ordenar la repetición de la sintaxis para este blanco roto
    en apertura.

Quisiera yo saber a campo abierto
qué hiciste con el miedo y el cristal,
qué con el calor quieto del verano.

El lenguaje no es un medio de comunicación

Cómo saber decirte lo que no sé decir,
     dime, qué hago
tu pecho hecho de miel, cebollas verdes,
tu pecho como enjambre y picadura,
     dime, ¿qué hago?

Llegué con dudas heredadas
y el zumbido
de todo el océano en la boca,
un liquen de cristal lleno de moho
clavado entre los muslos y mi sangre
de puta potro infértil y en la huida
la lija en el murmullo de los muertos.

Cómo saber decirme lo que no sé,
     dime ¿qué hago?

Las teclas del teclado que tiritan
enormes letanías en la sed de agostos fe de cabra,
y, en fogones,
muñecas como abiertas envidiando
la sangre entre los dientes del cordero,
     dime pues, amor, qué hago:
las manos con vendajes,
gusano hecho de seda con hollín,
el humo de la leña que no enciende,
el barco inventa el mar y en el latido
     dime, qué hago.

Los pies rajados, secos, de montaña,
la piedra entre los ojos, la caída,
el vientre que me crece cada vez
que acabo con el útero en naufragio, tu puño
entre las piernas que me empuja,
el canto de maíz,
la espuma blanca y dulce,
los dientes agarrados a la encía,
la lengua que te asoma y saboreo,
la trampa de ratón degluta y poda,
                              dime,
                              qué
                              hago.

En tu fiesta me colé

Las persianas son testigos silenciosos,
chirrían siempre,
el gorjeo del clérigo que ausculta
la inmediatez del decibelio.

Es derecho de viuda saber lo que pasa en el rellano.

La partitura agria, de leche de oveja ciega,
el asco astuto y matérico de los rincones rápidos de oscuridad,
vaciados de tus cosas, de tu cariño equívoco y condicionado
al hambre de los anfibios un agosto a media negritud
que no es exactamente lo mismo que a medianoche,
como no es exactamente lo mismo una caricia que un
    semanario o que
el zarpazo de ese grito público
lunar,
ni es lo mismo no decir que estar diciendo tan bajito
como para pensar que no digo,
yo lo digo todo y al final
lo fuerzo todo,
final académico del final fatídico de auditorio
con tambores y auxilios que escapan del violín y de la boca
dados escapan.

Las rodillas ya no saben qué decir y no claudican,
no hay astilla en llanto propio,
sí,
la basura tiene cada casco de cerveza previo a la devastación,
casi toda fiesta acaba así, con todos los colores arrastrados
en un huracán de vidrio y postres a medio tirar
y carmín en las servilletas

y el suelo de gominola que hace una huida más
lenta del lugar de crimen.

Sí, ya sé que esto es un cliché,
un cliché fucsia de revistas con consejos que dicen
cómo comerla mejor, muy muy rico, para que les gustes
    mucho mucho y no se vayan nunca nunca lejos,
pero, cielo mío, todas las cosas cuando acaban son repetidas,
toda ruptura es en potencia, cielito,
una ruptura anterior de hace tanto tiempo.

Fui la campesina esquiva ¿no te he contado?
aquello fue después de cortesana, antes fui una anciana
    lija,
no todas las abuelas conocen la dulzura,
pero no es exactamente eso de lo que estábamos hablando,
yo hablo del mantel quemado aquella tarde,
la cera que rasqué del suelo,
los muslos con estropajo que
rasqué y
rasqué hasta
quitarte,
no quiero decirte que la boca no siga su camino de medusas,
eso no, yo te hablo de la casa y de
la luz que cae nueva en estos espacios, los de
antes.

¿La falda?
La falda me la subo y hoy me agacho en bocas
de cuento de montaña y en el puerto,
ahí sí,
doblo las piernas,
claro, el salto hacia la lonja es importante
¿no sabes que el amor es trasatlántico?

EL POEMA QUE MI NOVIO PORTUARIO NUNCA
ESCRIBIÓ, PERO DIJO MUCHAS VECES MIENTRAS
DORMÍA Y YO LE BESABA DESPACIO MUY DESPACIO
EN LA COMISURA DE SU SONRISA DESTARTALADA,
BELLÍSIMA Y TENSA SABIENDO QUE TENÍA RAZÓN

Te busco, cielo mío, ritmo a través
del tiento de este tacto,
te beso sutilmente entre la oreja
y el cuello de cristal tenso y dormido,
sin lápiz te dibujo el cuerpo propio
al ritmo de mis manos,
al ritmo de mi sed, ardilla inquieta,
en cada empuje dentro
del río, risa y río
dentro del río, risa
y río.

Soy pájaro que tiende en desmedida
a dar pan a la pena y salazón
al corazón raído de inocencia
que cae, como el cemento, en campo oscuro,
oscuramente aíslo en estas noches
el hambre de certeza y desamparo.

Te quiero como eres, no te juzgo,
emito solo un juicio de valor
—certero, fino, exacto: ya lo siento—
y peso en cada riesgo la caricia,
veneno de traición y propiedad,
fracaso como puedo, te quiero como sé,
con manos de flautista acelerado

de celo, tiempo y miedo en mar azul,
gallego como quiero entre las dudas
te busco y te pospongo, te vivo en cien mil datos
y agudo te analizo la angustia de la fe,
te abrazo esquivamente y me rindo a la evidencia
¡ay! te curo de cada día tres y cierro las ventanas,
portazo suavemente,
te cuido y no te cuido
más.

Me cuido solo ahora,
dudaste ya bastante.

CARTA DE AMOR TRANSATLÁNTICA

Si supiera yo inglés, querida Lucy, si yo supiera,
podría enviarte una postal y decirte:

Te admiro mucho mucho, querida Lu K Shaw,
lo has entendido todo hasta las ruinas,
te acompañaría, Lucy, bombón, en esta noche austera
mientas gime el vecino del cuarto
—gemir gemimos sin idiomas—
y la piel es de lija desgastada, pero ay
Lucy Brown,
yo no sé idiomas, siquiera sé mi idioma; lo confieso,
quisiera *kiss-lamerte* entre los labios,
recogerte el deseo
poco
a
poco,
decirte esdrújula, ay
que soy alcohólica y bucólica,
oh, querida Lucy Sweet:
tu vida es musical en este barrio.

yo quería decirte, yo quería contarte, no lo sé
mi miedo es oceánico
agua mansa o volcánico o no sé
mi miedo es
(eso desde luego)
un lapislázuli de tarde de ajedrez y cárcel dulce

cuando mi miedo es
no alcanzo el uno cincuenta
y uno
ni el cincuenta alcanzo
ni frío nieve en esta sopa de alacrán
(¿has visto qué recetas tan mágicas las de mi miedo?
son pócimas
potingues   botecitos
potingues pluscuamperfectos, presentes puros de ocasión,
puritos presos del pánico en la pipeta y)

cuando mi miedo en boca dicta la atención
¡ay qué desastre!
tropieza entre los dientes la sintaxis y yo
entre los
(¡adivinen!)
y yo no sé
quién limpia del zapato la epidermis

cuando mis larvas son temibles mariposas en los ojos
y la córnea es un huevo recocido casi mármol
pues yo, te digo, que no sé
si canto figuritas de cristal o recojo en el maullido las cerezas

y claro, como todos, yo me rindo
al tacto de este metro a medianoche,
sin bocas que me cierren la garganta
desecho este sudor, miro la puerta

No sé II

Quisiera yo decir sobre el amor,
quisiera yo decir sobre el amor,
quisiera yo decir, no sé,
algo que pudiera, casualmente,
hacernos tintinear en esta luz.

Quisiera yo, casualmente, quisiera
decir algo importante nivel generación,
quisiera, yo no sé, entresacarme,
saber qué quiero ser o qué
decir.

Quisiera yo parar y con un padre,
un hombre no, un padre para mis hijos,
no sé,
formar una familia y ausentarme
el tiempo necesario para ser
no sé, no sé:
terrible, creativa, cruel y maloliente,
poner la mesa para tres, el agua para el gato
construir un buque leve,
subvertir los precipicios de la comunidad,
mapear las goteras de la cocina o
quisiera,
yo no sé, la vida que vivía de pequeña:
pescado en salsa al micro,
arrugar la nariz sin deseo
en los rasgos de mi hija,
arrítmica, sincera, constipada,
convocar palomitas dulces,
conversaciones que suban el nivel.

Quisiera yo, no sé,
quizá,
formar una colonia de alegres golondrinas con sus picos,
formar y reformar un antes y un después hecho de manos,
pararnos las manías justo a tiempo,
sorpresas, desconcierto, interacción,
quisiera yo saber
—ya me censuro—
alguna cosa que abriese algún sentido:
con uno o dos me vale,
la verdad.

PORQUE TE AMO TE DIGO QUE NO TE VOY A DECIR
ESTO -->

POEMA-YA-LO-SIENTO-ESTOY-MUY-TRISTE, PERO ME QUE-
DO AQUÍ A TU LADO PORQUE TE LO PROMETÍ Y PORQUE,
QUIÉN SABE, QUIZÁ ALGUIEN-ALGO *ALGÚNDÍALAGUNAVEZ*
CAMBIE. Y TE QUIERO, AUNQUE A MÍ NO TANTO, TE QUIE-
RO: SE PUEDE QUERER MUCHO SIN QUERERSE, PERO ESO YA
LO SABES. LAS SUICIDAS TAMBIÉN QUIEREN SER TOCADAS Y
DECIR ESTO NO ES POLÍTICAMENTE CORRECTO Y POR ESO
ES VERDAD.

hemos visto un petirrojo esta mañana--> luego nos hemos
    gritado
ahora estoy aquí--> tratando de explicar lo que no entiendo
-->porque
maestra de las frases que ya no
anáfora y sintaxis ensimismada
y
-->¿?

y
cómo dicto la tristeza de los muñones invisibles, dime
cómo me levanto sobre estas piernas mudas
||

[BUSCO la respuesta histórica a las preguntas en mujeres
    que lograron
quedarse hasta el final
.

sus respuestas
mujeres que supieron
que supieron ajustarse al metrónomo de un ritmo raro

y pudieron plegar la arritmia con la fe
utilizando con coherencia < las comas// el punto y
seguido// la esticomitia>
que pudieron ajustarse
haciendo coreografías para remendar la utilidad y el nervio

no entiendo sus respuestas —ojalá ~~entienda la respuesta~~
~~alguna vez~~ *~~cómoquedarmehastaelfinal~~*
no alcanzan
el gajo sigue y sigue atronador entre las manos
sigue la larva hábil poniendo sus huevitos entre las
    pestañas
con su hilo leve de seda
{al hacerlo son inevitables las cosquillas
y un poco carcajeo –te lo admito–}
~~{ –cosquillean el rubor sus pestañas cedilla– } {ç}~~
    ~~{cuántopensamientolateralmecabeenunpoema}~~

sé que no quieres oír esto

comprendo mejor poner fin a la lanza
desvestir el embuste
pararse con acierto el tiro del reloj

quedarse, dulce sin azúcar, en el azul de antes del fuego,
quedarse en el azul
pactar renuncias

tranquila, no te asustes, pactamos juntas ya que llegue la
    carcoma:
desciendo al laberinto

Mi dulce amor prosaico:

Ambos sabemos que no queda futuro en el futuro que junte nuestros nombres mucho tiempo y, sin embargo, cogiendo del puchero y de la sopa, dejándote, en fin, sin comer nada, te digo si imaginas vivir aquí, más cerca, aquí, a mi lado y noto como empieza el hervidero, me advierte la garganta del error –pudiera ser también un trozo de pan duro— te mando un corazón muy rojo, un corazón muy rojo solo, solamente, para que sea grande y bombee protagonista en la conversación, una imagen no vale apenas nada y este corazón dice —te comprometo a saber el peso absoluto y secular de mis palabras [VIVIR-AQUÍ+CORAZÓN GRANDE+POM-POM-POM]— que son (y sí, ambos lo sabemos) terriblemente inciertas y traigo la ponzoña en color *nude* —más pulcra: más viable— lo miras desde allí, lo miro desde aquí: el símbolo hace aguas y hace píxeles que acuerdan las urdimbres de este embuste. Me llega a la pantalla rota otro corazón desorbitado, mentimos hábilmente: por eso nos gustamos, por eso los gemidos, no todo iba a ser llorar y masticarnos. La trampa está en la piel. Y, sin embargo, sé, mi dulce amor prosaico, que no hay alegres pájaros haciéndonos la cama ni dulces ratoncitos con sus pequeñas ropas de roedor que arreglen nada de esto, la calabaza crece al borde del asfalto, enferma y quebradiza, los callos en los pies alejan el cristal de la pisada y a las doce acaso la baba cae sobre el cojín, los treinta ya han pasado hace un tanto, bocinas y acetatos nos cifran la distancia, no cabe alegoría, sinécdoque o tropo que trepe la epidermis, la gente tiene granos al borde de la boca, el parpadeo es mecánico y recibe un «te quiero» sin pizca de emoción un sábado a medianoche, contesto prestidigitadora un «te quiero mucho, vida» y lo que emite es Nada: el peso de las cosas deja paso al humor, desnudos somos ciertamente estéticos y ciertamente sanos, no sé, no sé decirte —sí, ya sé que te sorprende tanta seguridad— desnudos somos algo. La cáscara acoge con cariño los órganos y hormonas, archiva las huidas: pactamos el afecto y luego vomitamos en la boca del otro, no sé, la historia propia, algún aprendizaje que llega sin querer, qué narro, qué poema nos cabe en estas nucas, con los ojos cuadrados de sombras e ironía. Tu amor es un promedio, con su tabla de Excel, el mío es más bien suma, receta como a ojo y, mientras digo esto, recojo del reloj la hora de allá fuera: la urraca y su graznido, puntual.

Nos vemos pronto aquí
¡ay yo te quiero tanto!

Las mujeres a las que amé

Mi amor por todas ellas culminó en aceptar la pérdida
de inocencia: cada vez más maravillosas, más divinas,
más esdrújulas. Las amé con la insensatez de quien
ama aquello que no puede tocar por ser de dentro.

La primera mujer a la que amé estuvo de los dieciocho a los veintidós construyendo su andamiaje, tardó poco en romperse, desconcertaba a calambres las noches y siempre amanecía llorando —decía— sin querer.

Era esteta en la universidad, dedicaba sus dichas a las cosas pequeñas y casi diminutas: hablaba de la voluntad de la cigüeña que busca un clima más constante, menos nómada, para adaptarse y las ramas las coge de más peso: una arquitectura desde donde fingir un hogar, como el nuestro, que nunca duraba más de dos semestres, hasta irse con el color. Cuando lo contaba arrugaba la nariz, muy roja, de un tono brillante, como de teja. Se miraba despacio, como se mira crecer a una hiedra.

La segunda mujer que amé era algo distinta, de profesión esquiva del aire de vidrio, apenas podía tocar una ciudad, huía muy acongojada del asfalto y de las rejas. No podía coger el metro. Aquello no duró mucho, tampoco para ella porque era alérgica a sostenerse ligeramente viva en cualquier sitio.

La tercera podríamos decir que tenía futuro: era ingeniera de robots amables, a toda hora estaba atenta a normativas y patentes, recogía muestras de dulzura y las ordenaba de forma cronológica, besaba con la lengua de aceite y el cariño regulado por bujías y parámetros de atención. Era rara y era arrítmica y era buena: por eso todo le dolía mucho, muchísimo.

La cuarta yo no sé: con ella ya no supe cuando huir era bueno y cuando claramente un error, domaba a los cangrejos de río, los azules, coleccionaba antorchas sin encender y nunca comía nada: en sus horas libres creaba con lentes de colores caleidoscopios de, exactamente, 32,51 centímetros. Carcajeaba igual que las pinzas de sus cangrejos, coreografiados en verticales, con sus conchas y sus piedras. Sus espectáculos de marisco inmortal se rifaban en ferias y mercadillos. Su amor era un guijarro con liquen en el norte.

La quinta aquí sigue, vestida con lazos y cofia futurista, es crupier de apuestas en el salón rojo de los leones lentos: establece con ellos una estrategia clara de liderazgo, a veces mediante somníferos, casi siempre con exuberante alegría, tan menuda y tan gritona, subida sobre unos tacones normativos lleva, a juego con las paredes, el pintalabios muy rojo. Cuando se muerde, cosa que ocurre muy a menudo, no podemos diferenciar qué es labio, qué lengua y qué encía: gotea sobre la moqueta de estrellas dando pequeños saltos y lleva tatuado un suelo de damero donde iniciar el combate escurridizo. Nos animamos juntas al juego de la sintaxis y de todas las demás tomamos el gusto por los disfraces, un horario ordenado y una persistencia radical: somos muy de nosotras.

Fábula de la ceniza

Un ratoncito   descerrajado
melancólico
en humareda
un ratoncito   con podredumbre que esconde a sus crías
            bajo la nevada
llevándoles trozos de queso e historias épicas
que escucha de la boca de los hombres
      —de la boca de los hombres también escucha
heridas que se llagan en sus patitas breves
y esas, esas historias,
no las repite y no las olvida:
le pide a la ratoncita más coqueta
                  que se   esconda,
                  que se esconda mejor
                  y que no ría tan alto
                  que la sospechan—
se sabe cómplice del asco,
el viejo ratón,
y pierde la dulzura poco a poco,
el queso ya no llega con membrillo
y calla
el ratoncito humilde con su boca de pena.

SONROJO DE LECTURA[*]

todo se resume en la verdad
    ¿en la verdad?
en no construir la mentira, las fábulas de los niños están
    llenas de verdad,
pero debes permitirte los huecos blancos,
los insectos,
las ensoñaciones:
cada cosa que dices sucede en varios planos, como el amor,
el amor cuántico,
los cuentos son cuánticos también y cánticos y cínicos,
te hablan de las cosas con cuidado,
pero
te hablan de las cosas,
cómo explicar la lumbre y la costura

el eco
lo importante es el eco

por eso las palabras no dicen:
sospecha,
sospecha de todo lo que crees entender,
sospecha de lo que escribes, sospecha de las caricias
    fosforescentes,
de los ciervos que encienden la huida, de los ratones
    coquetos

no hay nada inocuo
ah y ojo con el blanco zinc
parece amable, pero es el vacío

---

[*]   *Aquí hablan los mismos fantasmas de Yodo, poema publicado en* La dulzura
    del Ornitorrinco. *Gracias por volver.*

¿no es el silencio?
sí, todo es dos o varias cosas, la verdad, el silencio es dulzón,
    por eso la Ese, su suavidad
confía en los blancos, confía en el vacío
    pero ¿tú no me hablabas de amor?
sí, pero el amor es decir nada y decir todo:
lo que importa es la verdad
    ¿la realidad?
no, la realidad está hecha de harina pobre, todo depende
    del panadero
        del panadero
sí
y de las migas
y del cariño

Migas de pan

Se reúnen quietas las pajarillas del hambre, un roedor
con alarde de ciudad, el alacrán, la paloma, un gorrión
pequeño (muy pequeño incluso para ser un pequeño
gorrión) y una libélula ciega.

Cada una con sus picos de bronce, sus fauces de salón
desconcertado, las pinzas de luna coja y el vuelo de los
despiertos huelga una petición.

Una dice:

—Cantaré canciones tristes de forma muy aguda
iiiiii
de forma muy aguda i i i iiiiiii
reiré colgada de los brazos de todas mis amigas jijiji jijiji
    hasta cansar al silencio,
claudicaré al ritmo
        taaaan lindo tan tan áspero tin tin tin
de los cuchillos que nos sajan, heriditas divertidas de la
    realidad con sus talones timiditos que saltan
iiiiiii

> *En el corro de la muerte,*
> *saltamos a pata coja,*
> *saltamos a pata coja*
> *en el corro de la muerte.*

Confirman la carcajada en saltos y ojos de paja la pequeña
manada del hambre:

la tribu hecha de vidrio admite.

Otra dice:

—Dejaré huérfanos a los retoños,
royendo en el respeto ritual
madre superiora de su fe
en mi sexo abierto,
incapaces de colmar su responsabilidad propia
con su impropia vida propia:
todos mis novios huérfanos de mí comprenderán la
    dependencia.

Una tercera dice:

—Me pides que crea el credo, me pides, a mí.
Me ordenas la dulzura,
a mí.
Me escondo, en la cajita de bailarina
me escondo.
Repito, repito todo para no olvidar el almíbar ni las
    rosquillas de vino dulce,
para no olvidar, ¿sabes?
Conjuro, hago magia,
magia blanca, ¿sabes?
Conjuro un comportamiento ingrávido,
un comportamiento ingrávido,
de leche con galletas a medianoche,
y a mis antepasados los convoco,
los convoco a voz bajita,
¿sabes?

Mi abuelo se avergüenza, ve sucios mis zapatos, mi abuelo,
y se avergüenza,
soy su pequeño fracaso, la nota al pie, pisoteada y rota,
    mi abuelo
se avergüenza, ¿sabes?
Mis zapatos de zorra que pide arroz,
mis zapatos tan sucios y yo sin saberlos limpiar.

Él dijo mi dulzura: su cría, una señorita con su tierna
   caída de ojos
que entraba en la adolescencia para ser querida bien,
paciente sujeto del cariño.
   No me han querido bien abuelo,
no me han querido
no, abuelo, no bien,
no,
entiendo que estás muerto y no lo has visto, te rompieron
   el aire, qué avergonzado estás,
abuelo, pero no bien, no bien.

Por eso cojo al tiento su corazón y las uñas,
abuelo, pluma a pluma, sí, pluma a pluma
y el ojo lo más rico, abuelo.

La distancia entre tu pena y tu pena es
el gotelé y el temple, el color suave de catalejo y miel de
   flores silvestres en el asfalto de esta capital sorda.
Eso justo, ¿sabes?
No he sabido ser objeto de las dudas, abuelo. Pero no llores.
Es lo normal, abuelo.
No llores.
Es lo normal.

Una cuarta indica:

—La soledad...
la he desprendido tan globalmente, mis estrategias para
   negarla perdiendo el respeto a su valor,
son

            tan   tas,
            tan   histéricas,
            tan   sociales
se ha organizado en cadena la negación del estornudo,
hablo sola con la soledad, ¿sabes? y ya somos dos. *Diagolizo.*

Como símbolos erráticos los neologismos del rechazo
    abruman,
¿cómo me veré crecer
                    sola?
Reclamo al eco del salón que me conteste.
A un volumen tan pequeño como su pequeño tamaño,
dice la quinta:
—(me gustaría tanto poder desarmarme el vientre y que
    no palpite).
Con la delicadeza de la escucha, por último, la última dice:
—Nadie nunca logrará amenazar sin advertir a su vez que
    está amenazándose.
Dictamino que el tiempo de las fronteras ha acabado,
derroquemos el lenguaje de concepto,
hagamos libre el borde
y el borde siguiente
y el siguiente borde, también.
Somos pulmones de cambio, un brote aéreo ante la
    domesticación del límite,
lo múltiple en movimiento,
el río y su contrario,
somos   toda   la   inecuación,
suma, resta y cálculo acrobático del cálculo:
somos en todos sitios duda,
somos enteramente, ontológicamente,
alcanzamos a ser simultáneas de diferencia,
a nuestro murmullo unido lo bautizamos como intuición.
Oye las voces dulces,
su débil inocencia necesaria.
Somos.

Una vez cuentan todas vuelven anodinas a su anodina vida.

Releo el poemario sabiendo que habla en él una voz más pizpereta, con más facturas pero que pesaban menos, con menos años y una tendencia saltimbanqui que me hace sonreír y un mal de amores y un cansancio y una hartura grande por mí y por todas mis compañeras que hoy, desde una vida distinta, me da un no sé qué y crece las arrugas. En los poemas de desechos me reconozco mejor y eso da rabia.

Con el deseo de que la imaginación tan tonta que me caracteriza —es más mala que un yogurt caducao', dije hace unos días en casa— no se me vaya nunca, nunca, nunca, aunque la vida de ahí fuera se ponga muy seria y muy triste y huela a ratos mal, como Rivas a las siete de la tarde los veranos.

Me da rabia, muchísima, que una no apunta todas las lecturas —o no yo, que soy desorganizadamente organizada— que se realizan en la escritura de un libro, por lo que todas las autoras que cite aquí serán con seguridad menos de las que han sido, así que perdón, perdón, perdón. Intentaré mejorar mi disciplina, porque los libros se escriben leyendo en diálogo con otras poetas.

La banda sonora sí sería una mezcla de Paquita la del Barrio con canciones de Machín y alguna cosa cubana alegre y un poco de bilirrubina y las habaneras de Cádiz, que suenan siempre, y La Bien Querida y la Nani conociendo novio tras novio, que no me extraña ahora que se hiciese pis en la cama vieja de mi hogar de estrenada soltería pandémica, hartita de mi tendencia al drama, que también sería una banda sonora, sin helado y sin colores fucsias, que tampoco hay que pasarse.

Nani murió cuando certificó que mi tendencia a los psicópatas había sido domesticada, con dieciocho años de paciencia en sus maullidos. Queridos/a exnovios/a: aún os quiero a todos, pero. Queridos no-novios, qué decir, tampoco lo hice siempre bien, pero: mis croquetas. A esa caprichosa que a veces nos condena también le digo cosas: el espejo no salva de un ajuste de cuentas. Aquí la influencia es de Olga Orozco, por supuesto, hay que saber bien de quien aprender a maldecir.

Este libro en un principio iba a escribirse a dos manos con Pilar Trol, pero pasó que yo escribí y escribí y el libro se quedó hecho y se desplegó y creció sobre sí y de novios prosaicos pasó a amores prosaicos y hubo playas y penas y más y más escritura. Pilar ahora tiene un poemario ajeno a esto y maravilloso que espero se pueda leer pronto en papel, pero la semilla es esa: la del balcón en Vallecas y las cervezas y el decir, pero ¿qué os pasa? y querer ser un poco malas y nada inocentes y en absoluto víctimas, porque tenemos zarpas y bastante mala leche, aunque eso cause gastritis. De ese conjuro estas mieles.

Por supuesto, también tenemos gatos.

Siento haber citado cosas desagradables, pero es la herencia que nos ha tocado de adolescencia Súper Pop.

La *imprudencia de pájaro* es de Luisa Castro, cuyos primeros libros son una cura para lo prosaico y las manchas de cal y los siguiente, absoluta sabiduría y escucha. Siempre será una de mis lecturas recomendada, recomendadísima y, aunque ella no lo sepa, yo le cuento cosas cuando estoy atareada y hablo en alto. Parte de la mala baba está muy embalsamada en mi admiración por Sharon Olds. También leí y sigo leyendo obsesionada a Anne Carson, aunque no consiga rascarle nada por enamoramiento de esa genialidad suya, a ella también le hablo, aunque no me entienda, porque yo de inglés fatal —gracias traductores, os amo a todos—. Durante la escritura de este libro acudí a cursos con Berta García Faet y con Sara Torres y pensé en buena compañía el deseo con mujeres brillantísimas y luminosas. También coordiné la antología *Herbario de amores dulces* (Piezas Azules, 2023) que claramente estaba en consonancia con lo que estaba haciendo yo. Por supuesto, canté junto a mis compañeros de La Piscifactoría varios de estos poemas, ampliamente debatidos en el laboratorio de creación de Gonzalo Escarpa: mujeres de siglas, sabéis quienes sois. Algunos poemas se escribieron en el hogar de Jimena en Asturias donde con paciencia nos acoge.

Varios poemas dialogan también con *Desde las gradas* de Juanpe Sánchez y otros cuantos son síntoma del enamoramiento por la antología publicada en Pesopluma, coordinada y traducida por Berta García Faet, *Todos los ruiditos: antología de poetas Alt Lit,* que conseguí en Enclave (¡gracias!), donde me enamoré de Lu K Shaw y Ana Carrete, aunque ya no se leía a los *Alt Lit*, pero yo llego tarde a estas cosas, además de la lectura siempre de García-Faet-toda. En los poemas más místicos me gustaría imaginar que se ha colado mi admiración por Ángela Segovia, pero creo que no lo he conseguido, aún así aquí queda mi fascinación confesa por estas monstruas poéticas. Por su escritura han pasado también la lectura de *Niños enamorados* de Mariano Peyrou, *De una niña de provincias* de Blanca Andreu, *Tener* de Robin Myers —y tantos libros publicados en Kriller71— y los dos libros publicados en esta casa de Maite Martí Vallejo.

Después de la escritura de este poemario cambié de psicólogo, ahora es una psicóloga maravillosa que tampoco se comprará mis libros, pero se los regalaré con felicidad y agradecimiento, porque me ha hecho estar menos asustada en el mundo, aunque aún queda: los monstruos caben bien bajo el felpudo.

Por supuesto este libro no está basado en hechos reales, qué aburrido sería eso.

Agradezco muchísimo a Paco Najarro este huequito en RIL y muchísimo a Maite, que se ha dejado liar con el prólogo, que es inteligentísimo y me hace querer estudiar más y más. Me siento afortunada.

Índice

Este libro se terminó de imprimir
en octubre de 2025

RIL® editores • España

europa@rileditores.com

Se utilizó tecnología de última generación que reduce el im-
pacto medioambiental, pues ocupa estrictamente el papel
necesario para su producción, y se aplicaron altos estánda-
res para la gestión y reciclaje de desechos en toda la cadena
de producción.